SPITZE KOCHEN OHNE FETT

STERNEKOCH
Jean-François
PIÈGE

Übersetzt von Regine Schmidt

EMF
EIN BUCH DER
EDITION MICHAEL FISCHER

Mein Vorhaben ist kaum jemandem entgangen; viele haben mir Glück gewünscht und mich unterstützt: Vor fast einem Jahr beschloss ich aus persönlichen Gründen, meine Probleme anzupacken. Ich begann mich ernsthaft selbst zu beobachten und meinen Ernährungsstil zu hinterfragen, insbesondere in puncto Fett.

Auf der Basis meiner Erfahrungen wollte ich ein Buch machen. Ich musste nämlich während der ganzen Zeit meine Ernährung vollständig überdenken, um so weit wie möglich ohne Fett auszukommen. Daher habe ich nach Kniffen gesucht und alternative Techniken entwickelt, wie man beim Kochen das Fett weglassen kann.

Aber Achtung, ich propagiere hier keine soundsovielte Diätmethode – dafür bin ich weder begabt, noch habe ich Lust dazu. Ich stelle Ihnen einfach mehr als 50 Rezepte ohne Fett vor, denen es aber gewiss nicht an Geschmack und Aromen mangelt!

Der schwierigste Teil der Übung war tatsächlich, die Freude am Essen und den köstlichen Geschmack der Lebensmittel zu erhalten – also Rezepte anzubieten, die Appetit machen, und die Saucen neu zu konzipieren. Ich bin überzeugt, dass wir gerade in der Beschränkung zu wahren Höchstleistungen fähig sind, und versichere Ihnen: Mir hat es geschmeckt! Topinamburcremesuppe ohne Sahne, Eier „Mimosa“ mit geräuchertem Aal, geschmorter Chicorée mit Koriander und Orangen, Schweinenacken aus dem Ofen mit karamellisiertem Gemüse, Geflügelfrikassee mit Sellerie, Champignons und Clementinen, aber auch Mayonnaise, Vinaigrette, Caesar-Dressing und andere Saucen ohne Öl: Ich hoffe, dass einige meiner Rezepte auch bei Ihnen rasch zu Klassikern werden – und vor allem, dass sie Ihnen guttun!

Damit ist schon alles gesagt – legen Sie los und lassen Sie es sich schmecken!

INHALT

SAUCEN & DRESSINGS

VORSPEISEN

HAUPTGERICHTE

KOCHEN OHNE FETT

EINIGE TECHNIKEN

Wer beim Kochen das Fett weglässt, entscheidet sich für leichteres Essen – zum Beispiel, weil er auf sein Gewicht achten oder Herz-Kreislauf-Erkrankungen vorbeugen möchte, die oftmals durch eine allzu fettreiche Ernährung bedingt sind. Dennoch muss aber nicht auf die Freude am Essen verzichtet werden. Doch wie kocht man fettlos? Welche alternativen Zubereitungsarten gibt es? All das möchte ich Ihnen mit den folgenden, vielleicht etwas ungewöhnlichen, zehn Techniken vorstellen.

KOCHEN MIT WASSER

Bei dieser Technik wird das Gargut – Gemüse oder Proteine – zu Beginn des Garens gesalzen oder es wird Salz in das Kochgefäß gegeben (auch wenn sich darin noch kein Wasser befinden sollte). Anschließend gart man die Lebensmittel von allen Seiten mit oder ohne Deckel einige Minuten lang, damit Mineralsalze und andere Stoffe, die beim Garvorgang entstehen, im Bratensatz karamellisieren. Diese kann man einfach mit Mineralwasser ablöschen und dabei ein Maximum an Aromen bewahren. Bei manchen Rezepten löse ich den Bratensatz gern, indem ich ihn mit Gemüse- oder Fruchtsäften ablösche, die ich zuvor mit einem Entsafter hergestellt habe.
Die so entstandene aromatische Flüssigkeit lässt sich als Grundlage für Saucen oder als Jus zum Anrichten nutzen.

MARINIEREN MIT ESSIG, ZITRONEN- ODER LIMETTENSAFT

Eine Marinade ist eine aromatische Flüssigkeit, in die man ein Stück Fleisch, Fisch oder Gemüse für eine bestimmte Zeit einlegt, um es zarter zu machen und/oder zu würzen.
Dafür eine Marinade aus Essig, Zitronen- oder Limettensaft aufkochen und die Flüssigkeit über die zu marinierenden Stücke gießen. Durchziehen lassen.

BRATEN AUF SALZ

Beim trockenen Erhitzen – bei starker Hitze – bleiben Aromen und Saftigkeit gut erhalten. Damit diese Garmethode gelingt, muss man die Temperatur entsprechend dem Grillgut und der gewünschten Garstufe (bleu, englisch, medium oder well done) regulieren, nachdem man sich von der Sauberkeit des Kochgeräts überzeugt hat. Dafür das Salz oder das grobe Salz (das Sie mehrmals verwenden können) in einer Pfanne erhitzen und das Gargut darauflegen (wenn Sie einen Fisch braten, auf die Hautseite legen). Abdecken und einige Minuten braten, dann ohne Deckel weitergaren. Sobald sich auf einer Seite eine Kruste gebildet hat, das Grillgut wenden.

GAREN ZWISCHEN ZWEI TELLERN

Mit dieser Technik gelingt der Garvorgang garantiert. Man braucht nur sehr dünne Fischfilets zu nehmen oder ein Stück Fleisch waagerecht aufzuschneiden. Dafür einen Kochtopf zur Hälfte mit Wasser füllen und erhitzen. Wenn das Wasser kocht, auf den Topf einen Teller mit dem Gargut setzen und mit einem zweiten Teller bedecken. Nach einigen Minuten das Gargut wenden, erneut bedecken und weitergaren.

Bei der Eröffnung meines Restaurants Clover 2014 hatte ich die Idee zu der Garmethode auf einem heißen Pflasterstein. Ich wollte ein Gericht anbieten, das die Gäste selbst auf einem „Pariser Pflasterstein“ braten sollten.
Dafür wird zuerst der Pflasterstein im Backofen oder einem Salamander erhitzt, dann herausgenommen (möglichst ohne sich zu verbrennen) und am Tisch das Gargut daraufgelegt.

Bei dieser Methode wickelt man das Gargut in Blätter, verschließt sie wie eine Roulade oder eine Folie und gart das Ganze im Backofen. Dafür verwendet man am besten Blätter von Obstbäumen oder Beerensträuchern, die einen angenehmen Geschmack haben (wie Feigen-, Himbeer-, Schwarze-Johannisbeer- oder Kastanienblätter etc.), legt das Gargut darauf, verschließt die Blätter und gibt sie in den Backofen. Temperatur und Garzeit hängen vom jeweiligen Lebensmittel ab. In meinem Feinschmeckerrestaurant gare ich gern Hummer in Schwarze-Johannisbeer- oder Feigenblättern: Der Geschmack der Blätter aromatisiert das Hummerfleisch. Mit derselben Technik lässt sich eine Zutat auch in Heu eingewickelt garen.

GAREN IN REIS

Diese Kochmethode entstand ebenfalls 2014. Sie ist eine der ersten Gartechniken, die ich für meine modernen Schmorgerichte entwickelt habe. Garen in Reis ähnelt im Prinzip dem Garen in der Salzkruste, bei dem das Gargut mit grobem Salz bedeckt wird. Bei einer solchen Art des Dünstens bleiben die Konsistenz und das Aroma der Speisen bestens erhalten; ungesunde Fette werden eliminiert.
Dazu wird das Gargut in eine Auflaufform gegeben, gesalzen und vollständig und gleichmäßig mit warmem Reis bedeckt. Im Backofen garen, nach dem Herausnehmen ruhen lassen, anschließend die Kruste aufbrechen und anrichten.

MODERNE SCHMORGERICHTE

Im Grand Restaurant versuche ich tagtäglich die Garmethoden zu variieren und spiele mit den Aromen, aber auch mit den Texturen. Mein Kalbskotelett schmore ich auf Walnussschalen, die dem Fleisch Würze geben, Rehbraten grille ich auf heißen Maronen, meine Ente schmort auf Olivensteinen. Momentan experimentiere ich außerdem viel mit dem Duft von Kiefern.

DAMPFGAREN

Wenn man ohne Fett kochen möchte, ist natürlich Dampfgaren besonders interessant: Die Speisen werden durch den Wasserdampf schonend erhitzt und nicht durch den direkten Kontakt mit dem Herd oder dem heißen Kochtopf gegart. Der heiße Wasserdampf umgibt das Gargut und erhitzt es. Dabei handelt es sich um eine sehr gleichmäßige Garmethode, denn der Dampf hüllt die Speisen von allen Seiten ein. Da die Gartemperatur dabei nicht mehr als 100 °C beträgt, bleiben die Vitamine und Nährstoffe weitgehend erhalten und es bilden sich keine toxischen Verbindungen.
Dafür können Sie einen Dampfgarer verwenden oder einfach einen Topf zur Hälfte mit Wasser füllen und, wenn das Wasser kocht, einen Siebeinsatz mit dem Gargut daraufsetzen und mit einem Deckel abdecken, damit der Dampf drinnen bleibt.

SAUCEN OHNE FETT

Fettfreie Saucen herzustellen und dabei die Aromen und eine schöne Textur zu erhalten, ist keine Kleinigkeit. Um Speisen Stabilität zu verleihen, ohne Fettstoffe zu verwenden, weicht man Gelatineblätter in kaltem Wasser ein. In heißer Gemüsebrühe auflösen, anschließend kühl stellen und fest werden lassen. Das Gelee mixen, bis es eine glatte Konsistenz hat. Diese Basismasse mit den restlichen Zutaten zum Beispiel zu einer Vinaigrette oder Mayonnaise ohne Öl verrühren oder aufschlagen. Sie können das Öl auch durch Magerquark mit 0 % Fett ersetzen, den Sie verquirlen oder schaumig aufschlagen, damit eine schöne glatte Textur entsteht.

MEINE GRUNDZUTATEN

Wer ohne Fett kochen möchte, sollte Folgendes stets im Küchenschrank bzw. im Kühlschrank vorrätig haben:

- Sojasauce
- Worcestershiresauce
- Essig: Aceto balsamico, Weinessig, Apfelessig etc.
- Dijon-Senf und grobkörnigen Senf
- Tabascosauce
- frische Kräuter: Petersilie, Koriandergrün, Estragon, Dill, Schnittlauch, Minze, Thymian, Lorbeer, Salbei etc.
- Gewürze: Curry, Pimentón de la Vera (geräuchertes Paprikapulver), Safran, Ras el-Hanout, Piment d'Espelette, Sternanis, gemahlenen Koriander, Kurkuma, Vadouvan (indische Gewürzmischung) etc.
- getrockneten Knoblauch und Knoblauchpulver (Knoblauchzehen schälen und entkeimen, in dünne Scheiben schneiden, diese im Backofen bei 80 °C trocknen; dann zerreiben)
- Magerquark mit 0 % Fett
- Zitronen oder Limetten und Orangen
- Blattgelatine
- Gemüsebrühe
- Reis
- grobes Salz

Wie Sie im Folgenden sehen werden, kommen diese Grundzutaten sehr oft zum Einsatz; beim fettfreien Kochen werden sie Ihnen bald unentbehrlich sein.

SAUCEN & DRESSINGS

VINAIGRETTE OHNE ÖL

FÜR 1 KLEINE SCHÜSSEL ZUBEREITUNG: 5 MIN. RUHEZEIT: 1 STD.

5 KCAL/ PERSON

4 Blätter Gelatine
300 ml Gemüsefond
4 TL Worcestershiresauce
1 TL Weinessig
Salz, Pfeffer aus der Mühle

Die Gelatineblätter in kaltem Wasser einweichen. Im heißen Gemüsefond auflösen, anschließend kühl stellen und fest werden lassen. Das Gelee mixen, bis es eine glatte Textur hat. 1

3 Esslöffel püriertes Gelee in die Worcestershire-sauce-Essig-Mischung geben. 2

Mit dem Schneebesen zu einer ölartigen Konsistenz aufschlagen. Mit Salz und Pfeffer abschmecken. 3

Gut zu wissen
Im Kühlschrank hält die Vinaigrette 2 Tage.

MAYONNAISE OHNE ÖL

FÜR 1 KLEINE SCHÜSSEL ZUBEREITUNG: 5 MIN. RUHEZEIT: 1 STD.

19 KCAL/ PERSON

4 Blätter Gelatine
300 ml Gemüsefond
1 EL scharfer Senf
1 Eigelb
1 EL Weinessig (wahlweise Zitronensaft)
Salz

Die Gelatineblätter zuerst in kaltem Wasser einweichen, dann im heißen Gemüsefond auflösen, diesen kühl stellen und fest werden lassen. Das Gelee mixen, bis es eine glatte Textur hat.

1

Senf, Eigelb und Essig in eine kleine Schüssel geben und verrühren.

2

Das Gelee dazugeben.

3

Die Mischung im Mixer zu einer Mayonnaise mit cremiger Konsistenz aufschlagen und mit Salz abschmecken.

4

Gut zu wissen
Im Kühlschrank hält die Mayonnaise 2 Tage.

CAESAR-DRESSING OHNE ÖL

FÜR 1 KLEINE SCHÜSSEL ZUBEREITUNG: 5 MIN.

33 KCAL/ PERSON

½ Knoblauchzehe
1 hart gekochtes Ei
4 Sardellenfilets in Salz (abgewaschen)
1 gehäufter EL Senf
einige Tropfen Tabascosauce
1 TL Worcestershiresauce
Salz
7 gehäufte EL Magerquark mit 0 % Fett
Saft von ½ Limette oder Zitrone

Die Knoblauchzehe durch die Knoblauchpresse drücken. Mit dem Ei, den Sardellen, dem Senf, Tabasco- und Worcestershiresauce sowie der Hälfte des Quarks in den Mixer geben. Salzen.

1

Im Mixer glatt pürieren.

2

Den restlichen Quark hinzufügen. Das Dressing erneut mixen.

3

Limetten- oder Zitronensaft dazugeben und ein letztes Mal mixen.

4

Tipps

– Das Dressing passt zu Garnelen und dampfgegartem Fisch.

– Wenn das Dressing im Kühlschrank fest geworden ist, kann man es mit 1 TL lauwarmem Wasser wieder geschmeidig rühren.

COCKTAILSAUCE OHNE ÖL

FÜR 1 KLEINE SCHÜSSEL ZUBEREITUNG: 5 MIN.

27 KCAL/ PERSON

200 g Mayonnaise ohne Öl (siehe S. 14)
60 g Magerquark mit 0 % Fett
1 gehäufter EL Tomatenmark
½ TL Cognac
etwas Rotweinessig

Alle Zutaten zu einer glatten Sauce verrühren.

AIOLI OHNE ÖL

FÜR 1 KLEINE SCHÜSSEL ZUBEREITUNG: 5 MIN. RUHEZEIT: 25 MIN.

12 KCAL/ PERSON

4 EL Mayonnaise ohne Öl (siehe S. 14)
½ Knoblauchzehe, gehackt
10 Safranfäden (wahlweise 1 Prise Safranpulver)
2 EL Magerquark mit 0 % Fett
Salz, Pfeffer aus der Mühle

Die Mayonnaise mit dem gehackten Knoblauch und dem Safran pürieren. Falls Sie Safranfäden verwenden, die Mischung 10 Minuten durchziehen lassen, dann nochmals mixen. Bei Safranpulver ist dieser Schritt nicht notwendig.

1

Den Quark dazugeben und erneut mixen. Mit Salz und Pfeffer abschmecken und 15 Minuten durchziehen lassen.

2

SARDELLENSAUCE „ANCHOÏADE" OHNE ÖL

FÜR 1 KLEINE SCHÜSSEL ZUBEREITUNG: 5 MIN. RUHEZEIT: 15 MIN.

38 KCAL/PERSON

5 EL Mayonnaise ohne Öl (siehe S. 14)
3 EL Magerquark mit 0 % Fett
6 Sardellenfilets in Salz
½ Knoblauchzehe, gehackt

Alle Zutaten in den Mixer geben und pürieren. 1

15 Minuten durchziehen lassen. 2

MEERRETTICHSAUCE OHNE ÖL

FÜR 1 KLEINE SCHÜSSEL ZUBEREITUNG: 5 MIN.

30 KCAL/ PERSON

60 g Magerquark mit 0 % Fett
200 g Mayonnaise ohne Öl (siehe S. 14)
Saft von ½ Limette
1 EL frisch geriebener Meerrettich
Salz

Den Quark mit der Mayonnaise mixen.

1

Den Limettensaft und den Meerrettich dazugeben und mixen, bis eine glatte Konsistenz entsteht. Nach Geschmack weiteren Meerrettich dazugeben, mit Salz abschmecken und nochmals glatt mixen.

2

GRÜNE SAUCE OHNE ÖL

FÜR 1 KLEINE SCHÜSSEL ZUBEREITUNG: 5 MIN. RUHEZEIT: 15 MIN.

20 KCAL/PERSON

¼ Bund Estragon
¼ Bund Schnittlauch
¼ Bund glatte Petersilie
⅛ Bund Minze
4 EL Mayonnaise ohne Öl (siehe S. 14)
3 EL Magerquark mit 0 % Fett
Salz, Pfeffer aus der Mühle

Die Kräuter waschen und grob zerkleinern, in ein Sieb geben. In einem Topf Salzwasser zum Kochen bringen, die Kräuter darin blanchieren.

1

Die Kräuter anschließend sofort in Eiswasser tauchen. 4 Esslöffel des Kräuter-Kochwassers zurückbehalten.

2

Die Kräuter abtropfen lassen und mit dem zurückbehaltenen Kochwasser mixen. Die Mayonnaise und den Quark dazugeben. Mit Salz und Pfeffer abschmecken und 15 Minuten durchziehen lassen.

3

SAUCE TARTARE OHNE ÖL

FÜR 1 KLEINE SCHÜSSEL ZUBEREITUNG: 5 MIN. RUHEZEIT: 15 MIN.

20 KCAL/ PERSON

1 EL Kapern
5 Gewürzgurken
¼ weiße Zwiebel (wahlweise der weiße Teil von 1–2 Frühlingszwiebeln)
¼ Bund Schnittlauch
¼ Bund Petersilie
3 EL Mayonnaise ohne Öl (siehe S. 14)
2 EL Magerquark mit 0 % Fett
Salz, Pfeffer aus der Mühle

Kapern zusammen mit Gewürzgurken und Zwiebeln im Mixer zerkleinern. 1

Schnittlauch in Röllchen schneiden, harte Petersilienstängel entfernen, den Rest grob zerkleinern. Kräuter in den Mixer geben, alles erneut pürieren. 2

Die Mayonnaise dazugeben und nochmals mixen. Quark hinzufügen und die Sauce auf höherer Geschwindigkeitsstufe erneut mixen. Abschmecken und 15 Minuten durchziehen lassen. 3

Variante

Wenn Sie die Sauce gern etwas schärfer mögen, geben Sie 1 EL Senf hinzu.

SAUERAMPFER-LIMETTEN-SAUCE OHNE ÖL

FÜR 1 KLEINE SCHÜSSEL ZUBEREITUNG: 5 MIN. RUHEZEIT: 15 MIN.

18 KCAL/PERSON

1 Bund Sauerampfer
Saft von ¼ Limette
1 Prise Salz
3 EL Magerquark mit 0 % Fett
3 EL Mayonnaise ohne Öl (siehe S. 14)
Pfeffer aus der Mühle

Sauerampfer waschen und mit dem Limettensaft und dem Salz pürieren.

1

Den Quark dazugeben und erneut mixen. Die Mayonnaise zulaufen lassen und noch 1 Minute mixen, bis eine Emulsion entsteht. Mit Salz und Pfeffer abschmecken, die Sauce 15 Minuten durchziehen lassen.

2

SALATDRESSING „MIMOSA“ OHNE ÖL

FÜR 1 KLEINE SCHÜSSEL ZUBEREITUNG: 10 MIN.

33 KCAL/PERSON

4 EL Magerquark mit 0 % Fett
1 EL Senf
1 EL Weinessig
1 Spritzer Worcestershiresauce
Salz, Pfeffer aus der Mühle
2 hart gekochte Eier
1 Bund Schnittlauch

Den Quark in einer Schüssel verquirlen, dann Senf, Weinessig und Worcestershiresauce einrühren. Salzen und pfeffern. 1

Mit dem Schneebesen aufschlagen. 2

Die hart gekochten Eier grob darüberraspeln. Die Mischung verrühren. Den Schnittlauch waschen, in Röllchen schneiden, dazugeben und einrühren. 3

Gut zu wissen

– Im Kühlschrank hält das Dressing 1 Tag.

– Es passt hervorragend zu weißem oder grünem Spargel, Rohkost, Lauchsalat etc.

CURRYSAUCE OHNE ÖL

FÜR 1 KLEINE SCHÜSSEL ZUBEREITUNG: 5 MIN.

17 KCAL/ PERSON

6 gehäufte EL Magerquark mit 0 % Fett
abgeriebene Schale und Saft von 1 Bio-Limette
einige Tropfen Worcestershiresauce
1 TL Curry
3 Tropfen Tabascosauce
1 Prise Salz

Den Quark mit allen Zutaten verrühren.

Gut zu wissen

– In einem luftdichten Behälter hält sich die Sauce im Kühlschrank mehrere Tage.

– Sie passt sehr gut zu Geflügel, dampfgegartem weißem Fisch, Garnelen, Rohkost etc.

MAGERES QUARKDRESSING

FÜR 1 KLEINE SCHÜSSEL ZUBEREITUNG: 5 MIN.

23 KCAL/PERSON

1 Bio-Orange
1 Bio-Limette
1 Stück frischer Ingwer
1 Knoblauchzehe
1 EL Sojasauce
¼ Bund Schnittlauch
3 gehäufte EL Magerquark mit 0 % Fett
3 Tropfen Tabascosauce
Salz, Pfeffer aus der Mühle

Die Orange und die Limette waschen. Von der ganzen Limette und der halben Orange die Schale abreiben. Den Ingwer schälen und fein reiben, den Knoblauch schälen und ebenfalls fein reiben. 1

Limette und Orange auspressen, den Saft und die Sojasauce zugießen. 2

Quark und Tabascosauce hinzufügen, verquirlen und mit Salz und Pfeffer abschmecken. Den Schnittlauch waschen und in Röllchen schneiden, zur Vinaigrette geben und einrühren. 3

SAUCE VIERGE

FÜR 1 KLEINE SCHÜSSEL ZUBEREITUNG: 5 MIN. MARINIERZEIT: 1 STD.

10 KCAL/PERSON

35 Kirschtomaten
1 Limette
1 Schalotte
1 EL Sojasauce
Fleur de Sel
1 Stängel Basilikum

20 Kirschtomaten waschen und vierteln. Limette schälen und in Stücke schneiden, Schalotte schälen und in dünne Scheiben schneiden. Alles mit der Sojasauce in eine Schüssel geben. Mit Limettensaft übergießen und 1 Stunde marinieren.

1

Die restlichen Kirschtomaten zu Saft pürieren und anschließend abseihen.

2

Den Saft in die Schüssel gießen, Fleur de Sel und Basilikum hinzufügen, gut verrühren.

3

THAI-DRESSING OHNE ÖL

FÜR 1 KLEINE SCHÜSSEL ZUBEREITUNG: 5 MIN.

33 KCAL/ PERSON

1 Bio-Orange
½ Bio-Limette
1 kleines Stück frischer Ingwer
1 Knoblauchzehe
1 EL Sojasauce
¼ Bund Schnittlauch

Die Orange und die Limettenhälfte waschen, von der Limette und der halben Orange die Schale abreiben. Den Ingwer schälen und fein reiben, den Knoblauch schälen und ebenfalls fein reiben. 1

Die Orange und die halbe Limette auspressen, den Saft und die Sojasauce zugießen. Verrühren. 2

Den Schnittlauch waschen und in Röllchen schneiden, zum Dressing geben und einrühren. 3

VORSPEISEN

BOUILLON MIT ZITRONENGRAS UND JAKOBSMUSCHELN

FÜR 2 PERSONEN ZUBEREITUNG: 10 MIN. RUHEZEIT: 10 MIN. **GARZEIT: 6 MIN.**

110 KCAL/ PERSON

1 Stängel Zitronengras
3 cm frischer Ingwer
2 Frühlingszwiebeln (wahlweise junge Zwiebeln)
6 Stängel Minze
4 Jakobsmuscheln (ausgelöst, ohne Corail)
abgeriebene Schale und Saft von 1 Bio-Limette
1 EL Sojasauce
2 Tropfen Tabascosauce
Salz

Das Zitronengras in dünne Ringe schneiden, die Innenblätter beiseitelegen. Ingwer schälen und in Scheiben schneiden (1 Scheibe beiseitelegen). Frühlingszwiebeln diagonal in Stücke schneiden. Minze waschen und die Blätter abzupfen. Jakobsmuscheln vierteln. Zitronengras und Ingwer in einen Topf mit 500 ml Wasser geben, dieses aufkochen. Den Topf vom Herd nehmen und die Bouillon 10 Minuten ziehen lassen. Mit Salz würzen.

1

Die Innenblätter des Zitronengrases in Ringe schneiden. Mit Minze, Ingwer, Frühlingszwiebelscheiben, Limettenschale und -saft, Sojasauce und Jakobsmuscheln in Portionsschalen geben.

2

Die Bouillon nochmals erhitzen. Sobald sie heiß ist, abseihen und in die Suppenschalen füllen. Die Tabascosauce zugeben. Abschmecken und ggf. nachsalzen. Sofort servieren.

3

FEURIGE TOMATEN-GAZPACHO

FÜR 2 PERSONEN ZUBEREITUNG: 7 MIN.

138 KCAL/ PERSON

650 g geputzte Tomaten (ohne Stielansätze)
30 g Staudensellerie (vorzugsweise die inneren Stängel)
1 kleines Stück von 1 Tabasco-Chilischote
(wahlweise 2 Tropfen Tabascosauce)
2 Prisen Salz
30 g scharfer Senf

Die Tomaten und den Staudensellerie waschen und in Stücke schneiden. Zusammen mit Chili und Salz in das Rührgefäß geben.

1

Das Ganze 1 Minute pürieren, bis eine glatte Emulsion entsteht.

2

Den Senf dazugeben und alles weitere 15 Sekunden mixen, dann servieren.

3

TOPINAMBURCREMESUPPE OHNE SAHNE

FÜR 4 PERSONEN ZUBEREITUNG: 20 MIN. GARZEIT: 45 MIN.

183 KCAL/ PERSON

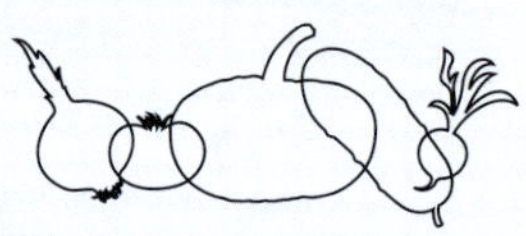

1 kg Topinambur
1 l Mineralwasser
Salz

Den Backofen auf 220 °C (Umluft 200 °C) vorheizen. Topinambur gründlich waschen und die Schale in großzügigen Stücken abschneiden. Diese auf ein Backblech legen und im heißen Backofen rösten.

1

Das kalte Mineralwasser in einen Topf gießen, die noch warme geröstete Schale hineingeben. Leicht salzen und zum Kochen bringen. Nach 5 Minuten den Topf vom Herd nehmen und die Schalen ziehen lassen, bis das Wasser vollständig abgekühlt ist. Die Brühe abseihen, die Schalen entsorgen.

2

Die Topinamburknollen in Stücke schneiden. Einige der Stücke zurückbehalten und in kleine Würfel schneiden, die übrigen Topinamburstücke in der Brühe garen.

3

Den gegarten Topinambur in ein hohes, feuerfestes Rührgefäß umfüllen, dieses auf den Herd stellen.

4

Bei mittlerer Hitze pürieren. Nach und nach die Brühe zugießen. Je länger Sie pürieren, desto cremiger wird die Konsistenz.

5

In tiefen Tellern anrichten und mit den rohen Topinamburwürfeln bestreuen.

6

Tipp

Wenn Sie lieber ein Topinamburpüree zubereiten möchten, pürieren Sie nur die Knollen und genießen die Brühe extra.

MUSCHELCREMESUPPE MIT CURRY UND LIMETTEN

FÜR 2 PERSONEN ZUBEREITUNG: 20 MIN. GARZEIT: 1–2 MIN.

273 KCAL/ PERSON

1,5 l Miesmuscheln (nur geschlossene)
1 Schalotte
1 Knoblauchzehe
½ Glas Weißwein
Saft von 2 Orangen
abgeriebene Schale und Saft von ½ Bio-Limette
2 Prisen Currypulver

Die Muscheln waschen und putzen. Schalotte und Knoblauch schälen und in Scheiben schneiden, in eine Pfanne mit hohem Rand geben. Die Muscheln hinzufügen, Weißwein und 1 Glas Wasser angießen.

1

Zum Kochen bringen und zugedeckt 1–2 Minuten garen, bis sich die Muscheln geöffnet haben.

2

Den Sud abseihen. Ungeöffnete Muscheln entsorgen, einige geöffnete zum Anrichten beiseitelegen; die übrigen aus der Schale lösen und wieder in den Sud geben. Schalotte, Orangen- und Limettensaft zufügen. Pürieren. Das Currypulver einrühren.

3

Die Suppe durch ein Sieb passieren. In tiefe Teller füllen und mit den ganzen Muscheln anrichten. Mit Curry und abgeriebener Limettenschale bestreuen.

4

SELLERIEOMELETT

FÜR 2 PERSONEN ZUBEREITUNG: 5 MIN. GARZEIT: 3 MIN. 30 SEK.

165 KCAL/PERSON

6 Eiweiß
200 g Knollenselleriepüree (aus gegartem Knollensellerie, z.B. Rezept S. 120, oder unbenutztem Sellerie aus Rezept S. 90)
2 Prisen Ras el-Hanout
1 Tropfen Tabascosauce
1 EL scharfer Senf
1 Prise Salz

Die Eiweiße mit dem Selleriepüree verrühren.

1

Mit Ras el-Hanout, Tabascosauce, Senf und etwas Salz würzen.

2

Gründlich verrühren.

3

Die Masse in eine große, antihaftbeschichtete Pfanne gießen. 30 Sekunden rühren, bis die Masse stockt, dann 3 Minuten garen.

4

Das Omelett in der Pfanne aufrollen und auf einer Servierplatte anrichten. Nach Geschmack mit Ras el-Hanout nachwürzen.

5

AUBERGINENKAVIAR „CAESAR" MIT RÖSTBROT

FÜR 4 PERSONEN ZUBEREITUNG: 10 MIN. GARZEIT: 2 STD.

185 KCAL/PERSON

2 Auberginen
½ Knoblauchzehe
3 EL Magerquark mit 0 % Fett
3 TL Sardellenpaste mit 0 % Fett (wahlweise gehackte Sardellen)
Saft von 1 Zitrone
2 Tropfen Tabascosauce
¼ Laib Bauernbrot (wahlweise Vollkornbrot)
1 kleines Bund Minze

Auberginen über der offenen Flamme rösten oder im Backofen bei 200 °C (Umluft 180 °C) 2 Stunden backen. Den Knoblauch hacken. Die Auberginen von den Stielansätzen befreien und mitsamt der Haut mit dem Knoblauch im Mixer pürieren. 1

Quark, Sardellenpaste, Zitronensaft und Tabascosauce dazugeben, erneut mixen. Das Bauernbrot in hauchdünne Scheiben schneiden und bei 120 °C im nicht vorgeheizten Backofen einige Minuten rösten. 2

Den Auberginenkaviar in einem oder mehreren tiefen Tellern anrichten. Die Minze fein hacken, den Auberginenkaviar damit bestreuen und mit den Röstbrotscheiben servieren. 3

EIER „MIMOSA“ MIT GERÄUCHERTEM AAL

FÜR 1 PERSON ZUBEREITUNG: 7 MIN.

330 KCAL/PERSON

2 hart gekochte Eier
100 g geräucherter Aal (wahlweise geräucherter Lachs)
2 EL Mayonnaise ohne Öl (siehe S. 14)
Zesten und Saft von ¼ Bio-Limette
Pfeffer aus der Mühle
6 Stängel Petersilie
Salz

Die Eier pellen und längs halbieren. Die Eigelbe vorsichtig herauslösen und mit einer Küchenreibe fein raspeln. Zum Anrichten beiseitestellen.

1

Vom geräucherten Fisch 4 Stücke für die Garnitur beiseitelegen, den übrigen Fisch hacken, mit Mayonnaise und Limettensaft verrühren, pfeffern.

2

Die Eiweißhälften mit dieser Masse füllen.

3

Gefüllte Eierhälften auf einem Teller anrichten. Mit gehackter Petersilie, geraspeltem Eigelb und Limettenzesten bestreuen.

4

Salzen und pfeffern. Jede Eihälfte mit 1 Stück geräuchertem Fisch garnieren.

5

GEMÜSE-TARTE

FÜR 2 PERSONEN ZUBEREITUNG: 10 MIN. GARZEIT: 7 MIN.

130 KCAL/ PERSON

2 Platten Brickteig
1 Tomate
1 Möhre
3 kleine Speiserüben
1 Zucchini
1 Stange Staudensellerie
Salz
2 große Prisen gemischte Kräuter und essbare Blüten

Den Backofen auf 220 °C (Umluft 200 °C) vorheizen. Bei jeder Teigplatte die Ränder einschlagen.

1

Zwei kleine Auflaufformen mit je 1 Brickteigplatte tulpenförmig auslegen. Im Ofen 4 Minuten backen.

2

Die Tomate in Scheiben schneiden, jede Scheibe vierteln. Die Möhre waschen und abschaben. Die Rübchen schälen. Zucchini und Staudensellerie waschen. Möhre, Rübchen, Zucchini und Sellerie mit einem japanischen Gemüsehobel fein hobeln. Eine Pfanne erhitzen, das Gemüse salzen und hineingeben. Abdecken und 3 Minuten anbraten.

3

Die Auflaufformen aus dem Backofen nehmen und die Teigtulpen auf Teller setzen.

4

Das heiße Gemüse in die Tulpen füllen. Mit den gemischten Kräutern und den essbaren Blüten bestreuen. Sofort servieren.

5

BUNTER TOMATENSALAT

FÜR 2 PERSONEN ZUBEREITUNG: 3 MIN.

120 KCAL/PERSON

8 EL Magerquark mit 0 % Fett
8 EL pürierte Tomaten
3 Tomaten unterschiedlicher Sorten (z. B. Fleischtomate „Schwarze Krim", Oliventomate, Ananastomate, Salattomate „Grüne Zebra")
½ rote Zwiebel
4 Stängel Koriandergrün
2 Prisen Fleur de Sel
einige Tropfen Limettensaft

Esslöffelweise Quark und Tomatenpüree auf die Teller klecksen wie auf einem Gemälde.

1

Die Tomaten waschen, vierteln und auf den Tellern harmonisch verteilen.

2

Die Zwiebelhälfte in Ringe schneiden. Koriandergrün waschen und in Streifen schneiden. Die Teller mit Zwiebelringen und Koriandergrün bestreuen.

3

Etwas Fleur de Sel und einige Tropfen Limettensaft über jeden Teller geben.

4

ROTE BETE MIT APFEL UND QUARKSCHAUM

FÜR 4 PERSONEN ZUBEREITUNG: 30 MIN. GARZEIT: 2 STD. **RUHEZEIT: 2 STD.**

155 KCAL/PERSON

1 kg grobes Salz
2 große Rote Beten
10 Blätter Gelatine
500 g Magerquark mit 0 % Fett
150 ml Magermilch
1,5 g feines Salz
1 grüner Apfel
Pfeffer aus der Mühle

Den Backofen auf 200 °C (Umluft 180 °C) vorheizen. Ein Backblech mit einer Schicht grobem Salz bedecken, die Roten Beten darauflegen und vollständig mit Salz bedecken.

1

Im heißen Ofen 2 Stunden garen. Abkühlen lassen, dann die Salzkruste zerbrechen und die Roten Beten herausnehmen.

2

Die Gelatineblätter in kaltem Wasser einweichen. Den Quark mit der Magermilch verrühren. Salzen. In einem Kochtopf die abgetropfte Gelatine in 1 Esslöffel Wasser auflösen. Vom Herd nehmen, die Quark-Milch-Mischung zugießen und das Ganze verquirlen. In eine Siphonflasche umfüllen und 2 Stunden in den Kühlschrank stellen.

3

Rote Beten schälen und in große Stifte schneiden. Den ungeschälten Apfel in kleinere Stäbchen als die Roten Beten schneiden. Beides auf flachen Tellern anrichten.

4

Zwei Gaskartuschen in die Siphonflasche einlegen. Eine Kuppel Quarkschaum in die Mitte der Rote-Bete- und Apfelstäbchen sprühen. Mit Pfeffer übermahlen und sofort servieren.

5

HEALTHY CAESAR SALAD

FÜR 4 PERSONEN ZUBEREITUNG: 5 MIN.

180 KCAL/PERSON

1 Romanasalat
1 kleine Schüssel Caesar-Dressing ohne Öl (siehe S. 16)
einige Tropfen Weinessig oder Zitronensaft (nach Belieben)
2 in Reis gegarte Hähnchenbrustfilets (siehe S. 96)
Salz, Pfeffer aus der Mühle
4 EL knuspriger Reis (in dem das Hähnchenfleisch gekocht wurde, siehe S. 96)

Vom Romanasalat den Strunk entfernen. Die Blätter waschen, in 2 cm breite Streifen schneiden und in eine Salatschüssel geben.

1

1 gehäuften Esslöffel Caesar-Dressing dazugeben, salzen, pfeffern und gut umrühren. Wer möchte, fügt noch etwas Essig oder Zitronensaft hinzu.

2

Das Hähnchenfleisch in Stücke schneiden und auf den Salat legen. Das restliche Caesar-Dressing über die Hähnchenstücke geben.

3

Mit etwas knusprigem Reis bestreuen, mit Pfeffer übermahlen und servieren.

4

KABELJAU-BOHNEN-SALAT MIT KORIANDER UND SOJASAUCE

FÜR 2 PERSONEN ZUBEREITUNG: 10 MIN. GARZEIT: 3–4 MIN.

183 KCAL/PERSON

300 g grüne Bohnen
Salz
150 g Kabeljau, der 4–5 Min. in Fischsud gekocht wurde (wahlweise übriger gegarter Fisch einer Mahlzeit)
Saft von ½ Limette
½ EL Sojasauce
5–6 Stängel Koriandergrün
¼ rote Zwiebel
Pfeffer aus der Mühle

Die Bohnen auf beiden Seiten von den Spitzen befreien und in einem Topf in kochendem Salzwasser 3–4 Minuten garen. Anschließend kurz mit kaltem Wasser abspülen.

1

Die Fischstücke in einen Teller bröckeln.

2

Mit Limettensaft und Sojasauce beträufeln. Salzen.

3

Das Koriandergrün hacken. Den Fisch umrühren und 1 Teelöffel Koriandergrün darübergeben.

4

Die Bohnen auf dem Fisch platzieren, etwas vermischen. Zwiebel schälen, in Ringe schneiden und auf dem Teller verteilen. Pfeffern und servieren.

5

LACHSFILET IN HONIG-ESSIG-MARINADE

FÜR 2 PERSONEN ZUBEREITUNG: 15 MIN. GARZEIT: 5 MIN. **MARINIERZEIT: 30 MIN.**

240 KCAL/ PERSON

200 ml Weinessig (wahlweise Apfelessig)
20 g Salz
10 g Honig
2 Stängel Zitronengras
5 g Korianderkörner
Gewürzmischung aus je 1 Prise Piment d'Espelette, gemahlenem Sternanis und gemahlenem Koriander
¼ Blumenkohl
1 großes Lachsfilet
1 Schalotte
¼ grüner Apfel
1 Prise Piment d'Espelette

In einem Topf 300 ml Wasser mit Essig, Salz, Honig, Zitronengras, Koriander und der Gewürzmischung zum Kochen bringen.

1

Vom Blumenkohlstrunk kleine Röschen abschneiden und waschen. Die Blumenkohlröschen mit der Flüssigkeit übergießen und marinieren, bis sie vollständig abgekühlt sind.

2

Das Lachsfilet von der Haut befreien und in dünne, ca. 1 cm breite Scheiben schneiden. Die Lachsscheiben in die Marinade legen. Einige Minuten marinieren, bis sie eine andere Farbe annehmen. Den Lachs aus der Marinade nehmen und auf einer kalten Platte 5 Minuten abkühlen lassen.

3

Die Lachsscheiben auf Tellern anrichten. Die Schalotte schälen, in Spalten schneiden und mit den marinierten Blumenkohlröschen vermischen. Auf dem Lachs verteilen. Den Apfel in Würfel schneiden und ebenfalls zum Lachs geben. Mit Piment d'Espelette bestreuen.

4

Gut zu wissen

Die restliche Marinade können Sie im Kühlschrank aufbewahren und für weitere Rezepte mit eingelegtem Gemüse verwenden.

DORADEN-CEVICHE IM FENCHELSUD

FÜR 2 PERSONEN ZUBEREITUNG: 20 MIN. MARINIERZEIT: 15 MIN.

245 KCAL/ PERSON

2 Doradenfilets ohne Haut
das Innere von 1 Fenchelknolle
kleines Stück von 1 Tabasco-Chilischote (Menge nach Ihrem individuellen Geschmack)
junges Grün von 1 Fenchelknolle (wahlweise 1 Bund Dill)
1 Bio-Limette
Saft von 2 Fenchelknollen (aus dem Entsafter)
Salz
5–6 Radieschen

Die Doradenfilets in große Würfel schneiden.

1

Den Fenchel in kleine Würfel schneiden. Das Chilistück fein schneiden. Fenchelgrün (bzw. Dill) hacken. Von der Limette die Schale abreiben und den Saft auspressen.

2

Alle Zutaten vermischen und den Fenchelsaft darübergießen. Salzen. Mindestens 15 Minuten im Kühlschrank ziehen lassen.

3

In Suppenschalen oder tiefen Tellern anrichten.

4

Die Radieschen fein hobeln, das Ceviche mit den Radieschenscheiben belegen. Mit der Marinade überziehen und gut gekühlt servieren.

5

Gut zu wissen

Wenn Sie ein eher traditionelles Ceviche zubereiten wollen, können Sie den Fisch auch in einem Sud aus Limettensaft mit fein geschnittenen Zwiebeln, Chili und gehacktem Koriandergrün marinieren.

ROHER THUNFISCH MIT BLUMENKOHL

FÜR 1 PERSON ZUBEREITUNG: 3 MIN.

170 KCAL/ PERSON

80 g TK-Thunfisch (wahlweise Bonito)
3 Röschen von verschiedenfarbigen Blumenkohlsorten
(z. B. grüner Romanesco, violetter Blumenkohl, gelber Mini-Blumenkohl)
1 Prise Fleur de Sel
1 Prise Madras-Currypulver
3 Stängel Koriandergrün
einige Tropfen Limettensaft

Mithilfe eines japanischen Gemüsehobels vom tiefgefrorenen Thunfisch eine Lage Späne über einem Teller abhobeln.

1

Ebenfalls mit dem japanischen Gemüsehobel die 3 Blumenkohlröschen darüberraspeln.

2

Mit etwas Fleur de Sel würzen und mit Madras-Currypulver bestäuben.

3

Das Koriandergrün fein schneiden und darüberstreuen. Mit einigen Tropfen Limettensaft beträufeln. Sofort servieren, wenn es ganz knackig-frisch sein soll, oder noch 15 Minuten durchziehen lassen, wenn es etwas weniger „al dente“ sein darf.

4

GRAVED LACHS

FÜR 8–10 PERSONEN ZUBEREITUNG: 15 MIN. RUHEZEIT: 16 STD.

42 KCAL/ PERSON

1 Bund Dill
1 kg grobes Salz
70 g Zucker
abgeriebene Schale von 3 Bio-Zitronen
abgeriebene Schale von 3 Bio-Limetten
½ Lachsfilet (mit Haut, aber geschuppt und entgrätet)
Gewürzmischung für Graved Lachs (10 g gemahlener Koriander und 10 g gemahlener Sternanis)
1 Limette zum Anrichten

Den Dill waschen, einige Dillspitzen zum Anrichten beiseitelegen. Rest hacken und mit Salz, Zucker und abgeriebenen Zitrusschalen vermengen.

1

Einen Teil der Mischung in eine Auflaufform geben, das Lachsfilet darauflegen.

2

Den Lachs vollständig mit der Salzmischung bedecken und 10 Stunden kühl stellen.

3

Das Salz abnehmen, den Lachs mit Wasser abspülen und mit einem Küchentuch trocken tupfen.

4

Den Lachs mit der Gewürzmischung einreiben, mit Frischhaltefolie abdecken und 6 Stunden kühl stellen. Dann in 0,5 cm breite Scheiben schneiden und mit Limettenvierteln und Dillspitzen servieren.

5

HAUPT-GERICHTE

GEFÜLLTE TOMATEN MIT PERSILLADE

FÜR 2 PERSONEN ZUBEREITUNG: 15 MIN. GARZEIT: 25 MIN.

258 KCAL/ PERSON

5 Tomaten
1 Knoblauchzehe
10 g Petersilie
150 g Hackbratenreste (Rind oder Geflügel)
1 TL scharfer Senf
Salz, Pfeffer aus der Mühle

Den Backofen auf 220 °C (Umluft 200 °C) vorheizen. 4 Tomaten waschen, aushöhlen und beiseitelegen. Das Fruchtfleisch mit der übrigen Tomate pürieren; dies sollte 100 g Tomatenpüree ergeben. Den Knoblauch schälen, den Keimling entfernen. Die Petersilie waschen und mit dem Knoblauch hacken. Mit Tomatenpüree, Hackfleisch und Senf vermengen.

1

Die beiseitegelegten Tomaten salzen und mit der Mischung füllen. 1 Prise Salz und 1 Umdrehung aus der Pfeffermühle darübergeben.

2

Mit Alufolie bedecken, im heißen Ofen 20 Minuten garen. Anschließend die Alufolie abnehmen und noch 5 Minuten weitergaren.

3

SCHNELLER EINTOPF MIT RINDERFRIKADELLEN

FÜR 1 PERSON ZUBEREITUNG: 20 MIN. GARZEIT: 6 MIN. **RUHEZEIT: 3 MIN.**

205 KCAL/ PERSON

¼ Zwiebel
2–3 Gewürzgurken
150 g Rinderhackfleisch
Salz, Pfeffer aus der Mühle
1 Glas Rinderbrühe (pro Person)
1 Speiserübe
1 Möhre
1 Radieschen
2–3 Stängel Petersilie

Die Zwiebel schälen und hacken. Die Gewürzgurken in Scheiben schneiden. Das Fleisch mit Zwiebel und Gurken, Salz und Pfeffer gut vermengen, zu Frikadellen formen und leicht flach drücken. Die Brühe in einer Pfanne aufkochen. Vom Herd nehmen, die Frikadellen hineingeben und abdecken.

1

Nach 3 Minuten Garzeit die Frikadellen wenden und die Brühe erneut zum Kochen bringen. Abdecken, vom Herd nehmen, 3 Minuten ruhen lassen.

2

Die Frikadellen auf einem Teller anrichten. Die Sauce durch ein Sieb passieren. Rübe, Möhre und Radieschen waschen, schälen und in dünne Stifte schneiden. Mit Salz und Pfeffer würzen. Die Stifte über die Frikadellen geben. Petersilie waschen, fein hacken und darüberstreuen. Sofort servieren.

3

GLASIERTES RINDERSTEAK

FÜR 1 PERSON **ZUBEREITUNG: 5 MIN.** GARZEIT: 4–5 MIN.

300 KCAL/ PERSON

1 Rindersteak (wahlweise 1 großes Rinderfilet)
Salz
2 EL Sojasauce
½ Frühlingszwiebel
1 cm frischer Ingwer
1 Knoblauchzehe
40 g Mungbohnensprossen
3–4 Blätter Koriandergrün
Pfeffer aus der Mühle

Das Fleisch 30 Minuten vor dem Braten aus dem Kühlschrank nehmen. Leicht salzen. Eine Pfanne auf mittlerer Stufe erhitzen. Das Steak hineinlegen. 1

Das Steak 2 Minuten über den Pfannenboden reiben, damit es nicht anhaftet. 2

Das Steak aus der Pfanne nehmen, zum Lösen des Bratensatzes mit etwas Wasser ablöschen. 1 Esslöffel Sojasauce zugeben, Fleisch bei niedriger Hitze weiterbraten, die Bratflüssigkeit einkochen lassen. 3

Die Frühlingszwiebel waschen, in dünne Ringe schneiden und in die Pfanne geben. 4

Ingwer und Knoblauch schälen, in Scheiben schneiden und ebenfalls in die Pfanne geben. Nach und nach etwas Wasser und die restliche Sojasauce zugießen. Das Fleisch weitere 2–3 Minuten über den Boden der Pfanne reiben, bis es ganz mit dem Fond bedeckt und glasiert ist. 5

Das Fleisch auf einem Teller anrichten. 1 Teelöffel Wasser und die Sprossen in die Pfanne geben. Mit Bratensaft überziehen. Anrichten, mit gehacktem Koriandergrün bestreuen und je nach Geschmack mit Pfeffer würzen. 6

SCHWEINENACKEN AUS DEM OFEN MIT KARAMELLISIERTEM GEMÜSE

FÜR 4 PERSONEN **ZUBEREITUNG: 10 MIN.** **GARZEIT: 2 STD.**

178 KCAL/ PERSON

2 Möhren
1 Zwiebel
1 Speiserübe
2 Tomaten
1 Stange Staudensellerie
3 Knoblauchzehen
2 Zweige Thymian
1 Lorbeerblatt
1 Stück Schweinenacken
Salz, Pfeffer aus der Mühle

Den Backofen auf 220 °C (Umluft 200 °C) vorheizen. Die Möhren abschaben und dritteln. Das restliche Gemüse schälen und vierteln. Die Knoblauchzehen schälen. Gemüse, Knoblauch, Thymian und Lorbeer in einen Schmortopf geben, den Schweinenacken darauflegen. Salzen, pfeffern und zudecken. Im heißen Ofen 2 Stunden garen.

1

Nach 1 Stunde Garzeit das Gemüse zur Seite schieben, damit der Schweinenacken den Boden des Schmortopfs berührt.

2

Nach 1,5 Stunden Garzeit 1 Glas Wasser angießen und die Backofentemperatur auf 180 °C (Umluft 160 °C) herunterschalten. 30 Minuten weitergaren.

3

Das Gemüse auf einer Servierplatte anrichten. Den Schweinenacken in Scheiben schneiden, auf dem Gemüse anrichten und sofort servieren.

4

Variante

Sie können den Schweinenacken auch durch ein Kalbskeulenstück aus der Unterschale ersetzen.

KALBSRAGOUT MIT RÜBCHEN UND KAKAO

FÜR 1 PERSON ZUBEREITUNG: 15 MIN. GARZEIT: 13–15 MIN.

520 KCAL/ PERSON

4 Speiserüben
1 Kalbsschnitzel
Salz
2 Frühlingszwiebeln
½ rohe Kakaobohne
etwas Kakaopulver

Speiserüben schälen und halbieren. Fleisch in Würfel schneiden. Die Rüben in eine Pfanne geben, salzen, etwas Wasser zufügen, zudecken und 2 Minuten anbraten. Das Fleisch dazugeben. Salzen.

1

Mit Wasser ablöschen.

2

6–8 Minuten köcheln lassen, nach der Hälfte der Garzeit die Rüben und das Fleisch wenden. Zugedeckt bei niedriger Hitze karamellisieren lassen. Nochmals mit 2 Esslöffel Wasser ablöschen.

3

Den Bratensatz lösen: Dazu den Boden der Pfanne mit einem Esslöffel abkratzen. Noch 3 Minuten weitergaren.

4

Frühlingszwiebeln schälen und ebenfalls in die Pfanne geben.

5

Mit 2 Esslöffel Wasser ablöschen und den Bratensatz vom Boden lösen. Noch 2 Minuten garen.

6

Auf Tellern anrichten. Mit Splittern der zerstoßenen Kakaobohne bestreuen, Kakaopulver darübersieben. Mit Bratensaft überziehen.

7

LAMMFLEISCHBÄLLCHEN MIT BLUMENKOHL-TABOULÉ

FÜR 2 PERSONEN ZUBEREITUNG: 10 MIN. GARZEIT: 6–8 MIN.

285 KCAL/ PERSON

¼ Brokkoli
¼ Blumenkohl
1 Knoblauchzehe
½ Zwiebel
3 Stängel Petersilie
Salz
320 g (nicht so fettes) Lammhackfleisch
2 Korianderkörner
Saft von ½ Limette
1 Prise Piment d'Espelette

Brokkoli- und Blumenkohlröschen auf einer Gemüsereibe grob raspeln. 1

Auf einem Teller beiseitestellen. 2

Knoblauch und Zwiebel schälen und hacken. Petersilie waschen, die Blättchen abzupfen und fein hacken. Zwiebel, Knoblauch, Petersilie und Salz mit dem Lammhack vermengen. Pro Person 4 Fleischbällchen à 40 g formen. Eine Pfanne erhitzen. Auf den Boden 1 Prise Salz geben, 4 Hackbällchen daraufsetzen, bei mittlerer Hitze 1–2 Minuten braten. 3

Die Hälfte des Blumenkohls und Brokkolis über die Fleischbällchen geben. Die Hitze reduzieren, die Pfanne abdecken. 2 Minuten weiterbraten. 4

1 Korianderkorn zerdrücken und mit ½ Esslöffel Wasser in die Pfanne geben. 3–4 Minuten durchziehen lassen. 5

Die zweite Portion ebenso zubereiten. In tiefen Tellern anrichten, mit Limettensaft beträufeln, mit Piment d'Espelette bestreuen. 6

Variante

Sie können dieses Gericht auch mit einer magereren Fleischsorte zubereiten.

GEFLÜGELFRIKASSEE MIT SELLERIE, CHAMPIGNONS UND CLEMENTINEN

FÜR 2 PERSONEN ZUBEREITUNG: 20 MIN. GARZEIT: 11–12 MIN.

220 KCAL/ PERSON

2 Hähnchenbrustfilets (mit Haut)
1 Schalotte
8 Champignons
6 EL Selleriesaft (aus Knollensellerie, aus dem Entsafter)
abgeriebene Schale und Saft von 1 Bio-Clementine
1 Prise Currypulver
Salz

Das Hähnchenbrustfilet in Streifen schneiden (die Haut dranlassen). Eine Pfanne auf niedriger Stufe erhitzen, Salz auf den Boden geben und das Hähnchenfleisch auf der Hautseite 3 Minuten braten.

1

Die Schalotte schälen und in Scheiben schneiden. Die Champignons waschen und vierteln. Wenn das Fleisch zu karamellisieren beginnt, Schalotte und Pilze in die Pfanne geben und abdecken. 3–4 Minuten anbräunen. Das Hähnchenfleisch wenden und noch 3 Minuten weiterbraten.

2

Das Fleisch aus der Pfanne nehmen. Schalotte und Pilze mit Selleriesaft ablöschen, den Pfannenboden abkratzen, um den Bratensatz zu lösen. Abdecken und die Pilze noch 1 Minute braten. Den Clementinensaft angießen. 1 Minute weiterbraten.

3

Die Pfanne vom Herd nehmen und das Hähnchenfleisch wieder hineingeben, sodass es mit Sauce bedeckt ist. Zum Anrichten mit Currypulver und abgeriebener Clementinenschale bestreuen.

4

GEFLÜGEL-PAILLARD MIT BLATTSPINAT, KNOBLAUCH UND PIMENTÓN

FÜR 2 PERSONEN ZUBEREITUNG: 5 MIN. GARZEIT: 5 MIN.

190 KCAL/PERSON

350 g Hähnchenfilet
2 große Prisen Salz
200 g Blattspinat
4 große Prisen Pimentón de la Vera (geräuchertes Paprikapulver)
4 große Prisen Knoblauchpulver
2 Champignons

Hähnchenfilets waagerecht aufschneiden. Eine Pfanne erhitzen. Die Filets salzen und trocken in die Pfanne legen.

1

1 Minute braten. Wenden und 1 Minute auf der anderen Seite braten. Die Filets aus der Pfanne nehmen. Mit 50 ml Wasser ablöschen. Die Filets wieder in die Pfanne geben und noch 1 Minute braten, sodass sie mit Sauce bedeckt sind.

2

Den Blattspinat dazugeben. Mit einem Teller bedecken und 2 Minuten braten. 2 große Prisen Pimentón de la Vera und 2 große Prisen Knoblauchpulver hinzufügen.

3

Hähnchenfilets und Blattspinat auf einer Servierplatte anrichten. Mit Bratensaft überziehen. Restliches Paprikapulver und Knoblauchpulver dazugeben.

4

Mithilfe eines japanischen Gemüsehobels die Champignons darüberraspeln.

5

OFENHÄHNCHEN MIT PIMENTÓN, KNOBLAUCH UND PETERSILIE

FÜR 4 PERSONEN **ZUBEREITUNG: 10 MIN.** **GARZEIT: 12 MIN.**

145 KCAL/ PERSON

2 Hähnchenbrustfilets
1 EL Senf
1 Bund glatte Petersilie
½ Knoblauchzehe
4 Prisen Pimentón de la Vera (geräuchertes Paprikapulver)
2 große EL Magerquark mit 0 % Fett
Salz, Pfeffer aus der Mühle

Den Backofen auf 200 °C (Umluft 180 °C) vorheizen. Die Hähnchenbrustfilets in eine Auflaufform geben und salzen. Mit Senf bestreichen. Von der Petersilie 2 Stängel beiseitelegen, den Rest grob hacken und über das Fleisch streuen. Den Knoblauch zerstoßen und darübergeben. Mit Pimentón bestreuen.

1

Mit glatt gerührtem Quark bestreichen und im heißen Ofen 12 Minuten garen.

2

Nach 5 Minuten Garzeit 2 Esslöffel Wasser dazugeben, nach weiteren 4 Minuten nochmals 2 Esslöffel Wasser.

3

Von der beiseitegelegten Petersilie die Blätter abzupfen und fein hacken. Das Fleisch auf einer Servierplatte anrichten, salzen und und pfeffern, mit der Petersilie bestreuen. Nach Belieben mit einigen Salatblättern garnieren.

4

IN REIS GEGARTES HÄHNCHEN MIT CURRYSAUCE

FÜR 2 PERSONEN ZUBEREITUNG: 10 MIN. GARZEIT: 14 MIN. RUHEZEIT: 14 MIN.

385 KCAL/ PERSON

2 Hähnchenbrustfilets
Salz
400 g im Reiskocher gekochter Basmatireis (wahlweise Duftreis)
2 große EL Currysauce ohne Öl (siehe S. 34)

Den Backofen auf 220 °C (Umluft 200 °C) vorheizen. Die Hähnchenbrustfilets salzen. Eine Schicht Reis in eine Auflaufform füllen, die Filets darauflegen. Anschließend vollständig und gleichmäßig mit warmem Reis bedecken.

1

Im heißen Ofen 14 Minuten garen, anschließend 14 Minuten ruhen lassen.

2

Den Reis und die Hähnchenbrustfilets mit je 1 Esslöffel Currysauce auf einer Servierplatte anrichten.

3

LACHS, AUF SALZ GEGART

FÜR 1 PERSON ZUBEREITUNG: 15 MIN. GARZEIT: 10–11 MIN.

490 KCAL/ PERSON

1 Stängel Estragon
1 Schalotte
20 g frischer (wahlweise fermentierter) Meerrettich
60 g Magerquark mit 0 % Fett
abgeriebene Schale und Saft von 1 Bio-Limette
+ etwas Limettensaft zum Anrichten
1 Spritzer Tabascosauce
grobes Salz
1 großes Lachsfilet mit Haut
6 Kirschtomaten

Den Estragon waschen und hacken. Die Schalotte schälen und hacken. Den Meerrettich reiben.

1

Estragon, Schalotte, Meerrettich, Quark, Limettenschale, Limettensaft und Tabascosauce verrühren.

2

Das grobe Salz in einer Pfanne erhitzen und den Lachs mit der Hautseite darauflegen.

3

3 Minuten zugedeckt garen, dann Deckel abnehmen und weitere 5–6 Minuten braten.

4

Lachs aus der Pfanne nehmen, die Haut entfernen.

5

Kirschtomaten halbieren. Die Kräutersauce in die Mitte eines Tellers geben. Den Lachs darauflegen und die Kirschtomaten außen herumlegen. Einige Salzkörner auf dem Fisch verteilen. Mit einigen Tropfen Limettensaft beträufeln.

6

Gut zu wissen

Das grobe Salz können Sie mehrmals verwenden.

ROTZUNGENFILETS MIT LAUCH

FÜR 2 PERSONEN **ZUBEREITUNG: 10 MIN.** GARZEIT: 10 MIN.

215 KCAL/PERSON

1 Stange Lauch
Salz
300 ml zuckerfreier Apfelsaft (aus 3–4 Granny Smith, aus dem Entsafter)
½ grüner Apfel
4 Rotzungenfilets
¼ Vanilleschote

Den Lauch längs halbieren, gründlich waschen und in Ringe schneiden. Eine Pfanne erhitzen, Salz hineingeben und 1 Esslöffel Wasser dazugeben. Den Lauch hinzufügen und abgedeckt 2–3 Minuten braten, dann ohne Deckel weiterbraten, bis der Lauch karamellisiert.

1

Mit Apfelsaft ablöschen. Den Apfel in Würfel schneiden, ebenfalls in die Pfanne geben und 2–3 Minuten köcheln lassen.

2

Rotzungenfilets in der Mitte umklappen und bei heruntergeschalteter Temperatur in die Pfanne geben. Auf jeder Seite 1 Minute braten. Die Filets aus der Pfanne nehmen, salzen.

3

Die Apfelwürfel mit der Gabel zerdrücken. Das Mark aus der Vanilleschote kratzen und in die Pfanne geben. 1 Minute einwirken lassen. Den Lauch in tiefen Tellern anrichten, auf jeden 1 Rotzungenfilet legen und mit der Sauce überziehen. Sofort servieren.

4

PETERSFISCH AUS DEM OFEN MIT SAUCE VIERGE

FÜR 2 PERSONEN ZUBEREITUNG: 15 MIN. GARZEIT: 6 MIN.

245 KCAL/ PERSON

1 Petersfischfilet
2–3 Stängel Basilikum
3 EL Sauce Vierge (siehe S. 38)
Fleur de Sel

Den Backofen auf 80 °C (Umluft 60 °C) vorheizen. Den Petersfisch im heißen Ofen 6 Minuten garen. Sauce Vierge auf Teller geben.

1

Basilikum waschen und klein schneiden. Den Fisch auf die Sauce Vierge legen. Mit Basilikum und Fleur de Sel bestreuen.

2

MERLAN MIT SPARGELSPAGHETTI

FÜR 1 PERSON ZUBEREITUNG: 15 MIN. GARZEIT: 4–6 MIN.

270 KCAL/ PERSON

100 g weißer Spargel
2 große Prisen Salz
4 Stängel Schnittlauch
180 g Merlanfilet
1–2 schöne Salbeiblätter
1 große Prise Vadouvan
abgeriebene Schale von 1 Bio-Limette

Den Spargel schälen und mithilfe eines japanischen Gemüsehobels fein hobeln.

1

Eine Schmorpfanne erhitzen, Salz hineingeben, 1 Esslöffel Wasser hinzufügen, dann die Spargelspaghetti dazugeben.

2

1 Minute abdecken, dann ohne Deckel braten, bis der Spargel zu karamellisieren beginnt. Mit 2 Esslöffel Wasser ablöschen.

3

Bis zum Karamellisieren braten. Schnittlauch in Röllchen scheiden.

4

Merlan mit Salbei bedecken, auf den Spargel legen, die Hitze reduzieren und Deckel auflegen. 45 Sekunden garen, den Fisch wenden und abgedeckt bei mittlerer Hitze 45 Sekunden weitergaren. Fisch herausnehmen, Spargel mit 1 Esslöffel Wasser ablöschen. Fisch und Spargel anrichten. Mit Schnittlauch, Vadouvan und zuletzt Limettenschale bestreuen. Mit Bratensaft überziehen.

5

SEEHECHT MIT BLATTSPINAT, ZWISCHEN TELLERN GEGART

FÜR 2 PERSONEN ZUBEREITUNG: 5 MIN. GARZEIT: 3–4 MIN.

195 KCAL/PERSON

300 g Blattspinat
2 dünne Seehechtfilets
1 Prise Knoblauchpulver
1 Prise Vadouvan
Salz

Blattspinat waschen und die Stiele entfernen. Einen Kochtopf zur Hälfte mit Wasser füllen und erhitzen. Wenn das Wasser kocht, auf den Topf einen Teller mit den Seehechtfilets setzen.

1

Mit einem zweiten Teller bedecken. Nach 1 Minute Garzeit die Fischfilets wenden und erneut bedecken.

2

Nach 1–2 Minuten den Blattspinat auf den Fisch geben, wieder zudecken und 1 Minute weitergaren. Mit Knoblauchpulver, Vadouvan und Salz würzen.

3

KABELJAU MIT MÖHREN UND SENF

FÜR 2 PERSONEN ZUBEREITUNG: 15 MIN. GARZEIT: 7–8 MIN.

270 KCAL/ PERSON

2 Möhren
180 g Möhrensaft (aus 4 Möhren, aus dem Entsafter)
Salz
2 große Kabeljaufilets
1 TL grobkörniger Senf
1 TL Dijon-Senf

Möhren waschen, schälen und in dünne Scheiben schneiden. Eine Pfanne erhitzen, Salz hineingeben, 1 Esslöffel Wasser hinzufügen, die Möhrenscheiben dazugeben und 5 Minuten abgedeckt braten. Ohne Deckel weiterbraten, bis sie karamellisieren. Die Pfanne mit dem Möhrensaft ablöschen und den Bratensatz lösen.

1

Die Kabeljaufilets in große Würfel schneiden und in die Pfanne geben, 1–2 Minuten braten.

2

Die Möhrenscheiben und den Fisch in tiefen Tellern anrichten. Etwas Möhrensaft und die beiden Sorten Senf in den Bratsud der Pfanne geben.

3

Auf niedriger Stufe unter Rühren erhitzen.

4

Den Fisch und die Möhrenscheiben mit der Sauce überziehen.

5

IM FEIGENBLATT GEBACKENER SEEHECHTRÜCKEN MIT FEIGEN

FÜR 2 PERSONEN ZUBEREITUNG: 15 MIN. GARZEIT: 8–9 MIN.

325 KCAL/PERSON

6 frische Feigen
6 Feigenblätter
2 Seehechtrückenfilets
2 Zimtstangen
abgeriebene Schale von 2 Bio-Orangen
abgeriebene Schale von 2 Bio-Limetten
Saft von 3 Orangen
einige Tropfen Limettensaft

1

Die Feigen waschen und in Scheiben schneiden. Feigenblätter waschen, für jede Portion 3 Blätter überlappend auslegen. 1 Seehechtrückenfilet darauflegen, die Hälfte der Feigen außenherum verteilen. 1 Zimtstange zerbrechen und zum Fisch geben. Die Hälfte der Zitrusschalen darüberstreuen.

2

Den Backofen auf 200 °C (Umluft 180 °C) vorheizen. Die Feigenblätter rouladenartig um den Fisch wickeln. Die zweite Portion ebenso vorbereiten.

3

Die Fischfilets im heißen Ofen in einer hitzefesten Form 7 Minuten garen.

4

Die Feigenrouladen aus dem Ofen nehmen, öffnen, auf Tellern anrichten und warm stellen.

5

Den Bratensatz lösen, mit Orangensaft und einigen Tropfen Limettensaft ablöschen, mit 1 zerdrückten Feigenscheibe nochmals kurz aufkochen.

6

Alles einkochen lassen und den Fisch mit dieser Sauce überziehen.

GARNELEN UND MIT ORANGEN KARAMELLISIERTER FENCHEL

FÜR 2 PERSONEN **ZUBEREITUNG: 5 MIN.** GARZEIT: 6–8 MIN.

138 **KCAL/ PERSON**

1½ Fenchelknollen mit Grün
Salz
Saft von 1 Orange
8 küchenfertige Garnelen
1 Prise Knoblauchpulver
+ etwas Knoblauchpulver zum Anrichten
1 Prise Piment d'Espelette
+ etwas Piment d'Espelette zum Anrichten
abgeriebene Schale von 1 Bio-Limette

Fenchel waschen, längs halbieren und in Scheiben schneiden. Fenchelgrün hacken und beiseitestellen. Eine Pfanne erhitzen, Salz hineingeben, 1 Esslöffel Wasser zugeben und den Fenchel darin 2–3 Minuten abgedeckt braten. Den Deckel abnehmen, den Fenchel weiterbraten, bis er karamellisiert. 1

Den Orangensaft zugießen. 2

Mit Wasser ablöschen, sodass das Gargut fast ganz bedeckt ist. 3

Die Garnelen in die Pfanne geben und mit Sauce bedecken. 1–2 Minuten abgedeckt braten. Fenchelgrün hinzufügen, mit Knoblauchpulver und Piment d'Espelette würzen. Mit etwas Knoblauchpulver, Piment d'Espelette und Limettenschale anrichten. 4

AUF PARISER PFLASTERSTEIN GEGARTE JAKOBSMUSCHELN MIT PROVENZALISCHEN TOMATEN

FÜR 2 PERSONEN ZUBEREITUNG: 10 MIN. GARZEIT: 9 MIN.

80 KCAL/ PERSON

20 Kirschtomaten
Salz
3–4 Stängel Petersilie
1 Prise getrockneter Knoblauch
(wahlweise Knoblauchpulver; siehe S. 9)
Pfeffer aus der Mühle
8 Jakobsmuscheln, ausgelöst

Den Backofen auf 200 °C (Umluft 180 °C) vorheizen. Die Kirschtomaten waschen und halbieren, in eine Auflaufform setzen, salzen und im heißen Ofen 5 Minuten backen. 1

Die Petersilie waschen und hacken. Die Kirschtomaten mit Petersilie bestreuen und im Backofen nochmals 2 Minuten garen. Aus dem Ofen nehmen, mit Knoblauch und Pfeffer würzen. 2

Pro Portion einen Pflasterstein im Salamander erhitzen. Den heißen Stein herausnehmen, etwas Salz daraufstreuen und 4 der ausgelösten Jakobsmuscheln darauflegen. 3

Mit 1 Jakobsmuschelschale bedecken (um die Temperatur zu erhöhen). Nach 1 Minute die Muscheln wenden. Mit den Tomaten sofort servieren. 4

IN REIS GEGARTER WEISSER SPARGEL

FÜR 2 PERSONEN ZUBEREITUNG: 10 MIN. GARZEIT: 14 MIN. **RUHEZEIT: 14 MIN.**

350 KCAL/ PERSON

8 Stangen geschälter weißer Spargel
Salz
400 g im Reiskocher gekochter Basmatireis (wahlweise Duftreis)
Salatdressing „Mimosa" ohne Öl (siehe S. 32)

Den Backofen auf 200 °C (Umluft 180 °C) vorheizen. Den Spargel in eine Auflaufform legen und salzen. Die Stangen vollständig und gleichmäßig mit warmem Reis bedecken.

1

Im heißen Ofen 14 Minuten garen.

2

14 Minuten ruhen lassen. Salatdressing „Mimosa" in die Mitte einer Servierplatte geben.

3

Den Spargel darauf anrichten. Mit knusprigen Reiskörnern bestreuen.

4

Gut zu wissen

Diese Garmethode eignet sich auch sehr gut für Topinambur, Pastinaken, Kürbis, Möhren, Speiserüben oder Lauch. So bleibt der echte Geschmack des Gemüses erhalten.

GESCHMORTER CHICORÉE MIT KORIANDER UND ORANGEN

FÜR 2 PERSONEN ZUBEREITUNG: 10 MIN. GARZEIT: 13–18 MIN.

190 KCAL/PERSON

4 Chicorée
Salz
4 Orangen
2 Prisen gemahlener Koriander
4 Stängel Koriandergrün

Den Chicorée waschen, die Blätter ablösen. Eine Pfanne trocken erhitzen und die Chicoréeblätter hineingeben, salzen, umrühren und abdecken. Bei niedriger Hitze 4 Minuten köcheln lassen.

1

Die Orangen schälen und filetieren, d. h. mit einem scharfen Messer Spalten herausschneiden, dabei den Saft auffangen. Die Orangenfilets dazugeben und wieder abdecken. 4–6 Minuten schmoren.

2

Den Orangensaft zugießen und 4–6 Minuten weitergaren. Den Koriander hinzufügen, umrühren und 1–2 Minuten durchziehen lassen.

3

Das Koriandergrün waschen, die Blättchen abzupfen, fein hacken und zum Chicorée geben. Den Chicorée auf einem Teller anrichten und mit dem Schmorsaft überziehen.

4

Tipp

Dieses Gericht eignet sich auch als Vorspeise oder als Beilage zu Fisch oder hellem Fleisch.

GANZER KNOLLENSELLERIE, IN HEU GEGART

FÜR 6–8 PERSONEN ZUBEREITUNG: 5 MIN. GARZEIT: 2 STD. 15 MIN.

20 KCAL/PERSON

1 Knollensellerie
1 Handvoll frisches Wiesenheu
1 Prise Currypulver
abgeriebene Schale von 1 Bio-Limette
Salz

Den Backofen auf 200 °C (Umluft 180 °C) vorheizen. Sellerie und Heu in Alufolie einwickeln und im heißen Ofen 2 Stunden 15 Minuten garen.

1

Den Sellerie in Stücke schneiden, die Stücke mit Currypulver und der abgeriebenen Limettenschale bestreuen. Salzen und sofort servieren.

2

GEBACKENER BLUMENKOHL AUS DEM OFEN

FÜR 4 PERSONEN ZUBEREITUNG: 5 MIN. GARZEIT: 45 MIN.

55 KCAL/PERSON

1 kleiner Blumenkohl
½ rote Zwiebel
4–5 Stängel Koriandergrün
½ TL Sojasauce
1 Prise Kurkumapulver
8 EL Magerquark mit 0 % Fett
einige Tropfen Limettensaft

Den Backofen auf 220 °C (Umluft 200 °C) vorheizen. Den Blumenkohl in Alufolie einwickeln und im heißen Ofen 30 Minuten garen.

1

Nach 30 Minuten die Alufolie vollständig öffnen und den Blumenkohl weiterhin bei 220 °C (Umluft 200 °C) im Backofen lassen, bis er goldbraun ist.

2

Den Blumenkohl in 8 Stücke schneiden.

3

Die Zwiebel schälen und hacken. Das Koriandergrün waschen und hacken, mit der Sojasauce, Kurkuma, Quark und Limettensaft verrühren. Den Blumenkohl auf Tellern anrichten, die Sauce dazugeben und servieren.

4

BLATTSPINAT MIT SENF

FÜR 2 PERSONEN ZUBEREITUNG: 10 MIN. GARZEIT: 1 MIN.

100 KCAL/ PERSON

600 g Blattspinat
1 Knoblauchzehe
Salz
Senf

Den Blattspinat waschen, von den Stielen befreien und grob hacken. 1 Esslöffel Wasser in einer Pfanne erhitzen, den Spinat hineingeben, Deckel auflegen, den Spinat in 30 Sekunden zusammenfallen lassen.

1

Knoblauchzehe schälen und mit einer Gabel aufspießen. Den Boden der Pfanne mit dem Knoblauch ausreiben, bis der Spinat gar ist und die Mineralsalze am Boden der Pfanne sichtbar werden. Mit 1 Esslöffel Wasser ablöschen.

2

Die Pfanne vom Herd nehmen. Den Spinat salzen und 1 Esslöffel Senf einrühren. Den Spinat auf Tellern mit je 1 Tupfer Senf anrichten.

3

Tipp

Dieses Gericht passt gut als Beilage zu Fisch oder hellem Fleisch.

DAIKON, KARAMELLISIERT, MIT ORANGEN UND KAKAO

FÜR 2 PERSONEN ZUBEREITUNG: 10 MIN. GARZEIT: 18–19 MIN.

83 KCAL/ PERSON

½ Daikon (Winterrettich; 400–500 g)
Salz
1 Bio-Orange
1 Prise geröstete und zerstoßene Kakaobohnen, z. B. von Valrhona®
1 Prise Kakaopulver

Den Daikon waschen, schälen und in 1,5 cm dicke Scheiben schneiden. In eine Pfanne geben, salzen, 1 Esslöffel Wasser zugießen, den Deckel auflegen. 2–3 Minuten bei starker Hitze garen.

1

Karamellisieren lassen, dann nochmals mit Wasser ablöschen, sodass das Gargut gerade bedeckt ist. 6 Minuten braten und dabei den Bratensatz abkratzen.

2

Von der Orange einige Zesten abziehen, dann die Orange schälen und filetieren, d. h. mit einem scharfen Messer Spalten herausschneiden, dabei den Saft auffangen. Beides in die Pfanne geben.

3

Die Daikontaler wenden. Die Hitze reduzieren und die Pfanne abdecken. 10 Minuten garen, bis die Taler karamellisieren, dabei zweimal wenden, damit sie ganz mit Sauce bedeckt sind.

4

Die Daikontaler anrichten. Pfanne auskratzen und den Bratensatz über die Taler geben. Mit Orangenzesten, Kakaobohnensplittern und Kakaopulver bestreuen.

5

Gut zu wissen

Dieses Rezept beweist, dass man beim Kochen mit Wasser den Speisen Farbe geben kann: Der im Daikon enthaltene Saft karamellisiert von selbst.

DANKSAGUNG

Mit diesem Buch möchte ich dem Verlag Hachette Pratique und seinem gesamten Team danken: Catherine Saunier-Talec, Céline Le Lamer, Lisa Grall. Danke vielmals für euer Vertrauen und eure Professionalität.

Ich danke dem Fotografen Nicolas Lobbestaël für das dritte Buch, das wir zusammen gemacht haben – wie schön!

Danke an Maylis Le Reste für ihren Einsatz bei der Betreuung dieses Buchs und vor allem für ihre tagtägliche Arbeit in unserem Unternehmen.

Ich danke meinen Teams aus dem Grand Restaurant, Clover Grill und Clover Green: Im Dienst unserer Gäste geben sie Tag für Tag ihr Bestes.

Mein Dank geht auch an meine Lieferanten: Terroirs d'Avenir, Olivier Metzger, Jean-Claude Huguenin, Patte Blanche …

Danke ebenso an das Haus Bernardaud für die schönen weißen Teller, die für die rund 50 Rezepte die perfekte Unterlage bildeten.

Und last not least danke ich meiner Frau Élodie und meinem Sohn Antoine, die mir bei diesem Abenteuer zur Seite standen.

IMPRESSUM

Bibliografische Information der Deutschen Bibliothek.

Die Deutsche Bibliothek verzeichnet diese Publikation in der deutschen Nationalbibliografie.

Detaillierte bibliografische Daten sind im Internet über http://www.dnb.de/ abrufbar.

EIN BUCH DER EDITION MICHAEL FISCHER

1. Auflage 2019

Erstveröffentlicht bei Hachette Livre (Hachette Pratique)

Titel der Originalausgabe: *Zéro Gras*

Fotografien: Nicolas Lobbestaël

Layout: Nicolas Beaujouan

Aus dem Französischen übertragen von Regine Schmidt

Gesamtherstellung: Yvonne Witzan

Lektorat: Christiane Manz

ISBN 978-3-96093-303-8

Gedruckt bei Estella Gráficas, Ctra Estella a Tafalla, km 2, 31200 Estella, Spanien

www.emf-verlag.de